BEI GRIN MACHT SICH IHR
WISSEN BEZAHLT

- Wir veröffentlichen Ihre Hausarbeit,
  Bachelor- und Masterarbeit

- Ihr eigenes eBook und Buch -
  weltweit in allen wichtigen Shops

- Verdienen Sie an jedem Verkauf

Jetzt bei www.GRIN.com hochladen
und kostenlos publizieren

Jan Horak

Mediale Gewalt - Die Neuen Medien im Fokus der Wirkungsdiskussion

GRIN Verlag

Bibliografische Information der Deutschen Nationalbibliothek:

Die Deutsche Bibliothek verzeichnet diese Publikation in der Deutschen National-
bibliografie; detaillierte bibliografische Daten sind im Internet über http://dnb.d-
nb.de/ abrufbar.

Impressum:

Copyright © 2009 GRIN Verlag, Open Publishing GmbH
Druck und Bindung: Books on Demand GmbH, Norderstedt Germany
ISBN: 978-3-640-80305-7

Dieses Buch bei GRIN:

http://www.grin.com/de/e-book/164910/mediale-gewalt-die-neuen-medien-im-
fokus-der-wirkungsdiskussion

GRIN - Your knowledge has value

Der GRIN Verlag publiziert seit 1998 wissenschaftliche Arbeiten von Studenten, Hochschullehrern und anderen Akademikern als eBook und gedrucktes Buch. Die Verlagswebsite www.grin.com ist die ideale Plattform zur Veröffentlichung von Hausarbeiten, Abschlussarbeiten, wissenschaftlichen Aufsätzen, Dissertationen und Fachbüchern.

Besuchen Sie uns im Internet:

http://www.grin.com/

http://www.facebook.com/grincom

http://www.twitter.com/grin_com

Universität Hamburg
Institut für Medien und Kommunikation
Modul MuK A3
52-327 Theorien der Mediennutzung und Medienwirkung

Wintersemester 08/09

Mediale Gewalt:
Die Neuen Medien im Fokus der Wirkungsdiskussion

Jan Horak

Fachsemester: 3. Semester BA
Medien- und Kommunikationswissenschaft (HF),
Deutsche Sprache und Literatur (NF)

Inhaltsverzeichnis

1. Einführung, Eingrenzung und Definitionen

Kaum ein kommunikationswissenschaftliches Forschungsgebiet wird in der Öffentlichkeit so kontrovers diskutiert wie die Wirkung medialer Gewalt. Neu ist diese Debatte allerdings nicht – so halten sich hartnäckig Berichte, nach Erscheinen des Romans „Die Leiden des jungen Werther" von Johann Wolfgang von Goethe im Jahr 1774 sei es unter jungen Männern zu einer Häufung von Suizidfällen nach Werther-Vorbild gekommen. In der Folge wurde dem Werk eine schädliche, zur unmittelbaren Nachahmung verleitende Wirkung unterstellt, die auch unter dem Begriff „Werther-Effekt" bekannt ist.

In der heutigen Zeit kommt es besonders in Bezug auf Gewaltdarstellungen in den Neuen Medien immer wieder zu sehr emotional geführten Diskussionen. Aufgrund ihrer wachsenden Bedeutung und ihrer umfassenden Durchdringung des Alltags stellen Computer und Internet die Leitmedien des 21. Jahrhunderts dar. Diese Entwicklung macht auch vor Kindern und Jugendlich nicht Halt, für viele ist der Computer zum Hauptunterhaltungsmedium geworden – einschließlich aller möglicherweise jugend-gefährdenden Inhalte. Das Ziel dieser Arbeit ist es, einleitend das spezifische Gefährdungspotential der Neuen Medien darzulegen und anschließend einen Überblick sowohl über die öffentlich geführte Diskussion als auch den wissenschaftlichen Diskurs zum Reizthema „Wirkung medialer Gewalt" zu geben. Aufgrund des eng bemessenen Rahmens erfolgt eine Beschränkung auf internetbasierte Angebote sowie gewalthaltige Bildschirmspiele, da diese verstärkt im Fokus der Debatte um die Wirkungen medialer Gewalt stehen.

Doch was ist eigentlich gemeint, wenn von „Gewalt" und „Medienwirkung" gesprochen wird? Es existieren im wissenschaftlichen Diskurs verschiedene Definitionen; dies führt nicht selten zu Missverständnissen und einer sehr eingeschränkten Übertragbarkeit der Ergebnisse. Der dieser Arbeit zu Grunde gelegte Gewaltbegriff bezeichnet „vorzugsweise Gewalt, die als personell, physisch, illegitim, instrumentell, intentional und manifest zu charakterisieren ist und sowohl individuell als auch kollektiv ausgeübt wird".[1] Unter Medienwirkung werden alle Veränderungen

---

[1] Merten, Klaus (1999): Gewalt durch Gewalt im Fernsehen? Wiesbaden: Westdeutscher Verlag, S. 32.

verstanden, „die ganz, partiell oder in Wechselwirkung mit anderen Faktoren auf Medien bzw. ihre Inhalte zurückgeführt werden können".[2]

2. Charakteristika und Gefährdungspotentiale

Seit jeher wird fast jedem neuen Medium im Zuge seiner gesellschaftlichen Etablierung ein ganzer Katalog negativer Wirkungen zugesprochen. Als Beispiel sei hier die in den fünfziger Jahren lebhaft geführte Diskussion über eine mögliche Gefährdung jugendlicher Comic-Leser genannt. Es wurde unterstellt, Comics ließen die Lesefähigkeit verkümmern und überforderten die Rezipienten mit optischen Reizen, die Gewaltdarstellungen führten zu Abstumpfung und Nachahmung. Schon hier sind deutlich „ähnliche Argumentationsmuster erkennbar wie später beim Fernsehen oder bei den Bildschirmspielen".[3] Setzt man sich am Beispiel Internet und Bildschirmspiele mit den Neuen Medien auseinander, darf diese kritische Argumentationstradition jedoch nicht dazu verleiten, einige signifikante medienspezifische Charakteristika außer Acht zu lassen, die besonderes Gefährdungspotential bergen.

Das Internet lässt sich „mit keinem der herkömmlichen Massenmedien […] unmittelbar vergleichen".[4] Im Gegensatz zu einkanaligen Sendemedien wie Fernsehen und Hörfunk handelt es sich beim Internet um ein interaktives Hybridmedium; die Nutzer können bestehende Inhalte gezielt auswählen sowie selbst gestalterisch wirken. Dies führt dazu, dass die Angebotsstruktur des Netzes ständigen und rapiden Veränderungen unterworfen ist, was wiederum eine umfassende inhaltliche Kontrolle oder nachträgliche Zensur gewalthaltiger oder sogar -verherrlichender Inhalte unmöglich macht. Dies ist besonders unter Jugendschutzgesichtspunkten ein nicht zu unterschätzendes Risiko. Des Weiteren ist eine zunehmende Durchdringung des Alltags durch das Internet zu beobachten. Benötigte man vor einigen Jahren noch einen eigenen PC, so ist der Zugang zum Internet heute problemlos allerorts und jederzeit über Mobiltelefone und PDAs möglich; die rasante und unkontrollierte Verbreitung der – oftmals jugendgefährdenden – Inhalte ist die Folge.

---

[2] Brosius, Hans-Bernd (2003): Medienwirkung. In: Bentele, Günter; Brosius, Hans-Bernd; Jarren, Otfried (Hrsg.): Öffentliche Kommunikation: Handbuch Kommunikations- und Medienwissenschaft, Wiesbaden: Westdeutscher Verlag, S. 128.
[3] Decker, Markus (2005): Jugendschutz und Neue Medien. Grundfragen des Jugendmedienschutzes in den Bereichen Bildschirmspiele und Internet. Münster: Waxmann Verlag, S. 56.
[4] Volpers, Helmut (Hrsg.) (2004): Funktionsweise des Internets und sein Gefährdungspotential für Kinder und Jugendliche. Ein Handbuch zur Medienkompetenzvermittlung. Berlin: Vistas Verlag, S. 44.

Besonders Bildschirmspiele werden wegen ihrer spezifischen Medialität oft als problematisch wahrgenommen. So setzen elektronische Bildschirmspiele ein Eintauchen des Spielers in die vermittelte Spielwelt voraus, oftmals verbunden mit einer gleichzeitigen starken Identifikation mit einem Alter Ego bzw. Avatar innerhalb dieser Welt. Hinzu kommt, dass die Spieler zur Erreichung der jeweiligen spielspezifischen Ziele nicht selten – wenn auch nur virtuell – tödliche Gewalt anwenden müssen. Den Zugang zu in hohem Maße gewalthaltigen Spielen für Kinder und Jugendliche einzuschränken, ist aufgrund der jüngsten Entwicklung des Internets und seiner Angebotsstruktur kaum bis unmöglich geworden.

3. Öffentliche Diskussion und wissenschaftliche Auseinandersetzung

Es ist zu beobachten, dass zunehmend die Neuen Medien – und hier in besonderem Maße das Internet und gewalthaltige Bildschirmspiele – in der Öffentlichkeit für gesamt-gesellschaftliche Fehlentwicklungen und vereinzelt auch für konkrete Einzelfälle von Gewaltverbrechen verantwortlich gemacht werden (vgl. Kapitel 7). Allerdings unterscheidet sich die von Politikern, Pädagogen und selbsternannten Experten öffentlich geführte Diskussion in der Regel deutlich von parallel stattfindenden wissenschaftlichen Auseinandersetzungen mit diesem Thema.

Oft ist nach Aufsehen erregenden Gewalttaten jugendlicher Täter zu hören, starker Medienkonsum würde „ganz allgemein zur Verdummung beitragen oder den Ausgangspunkt für Gewalt in der Gesellschaft darstellen".[5] Gewaltdarstellungen in Filmen, Videos und Bildschirmspielen wird eine monokausale, unmittelbare, lineare und symmetrische Wirkung auf die Rezipienten unterstellt.[6] Hierbei kommt es nicht selten zu Fehlern in der Argumentationslogik. Wenn der SPIEGEL schreibt, ein Amokschütze habe sich, anstatt zu lernen, mit gewalthaltigen Bildschirmspielen „die Aggression von der Seele geschossen", dann wird mit dieser Formulierung eine offensichtlich nicht zutreffende kathartische Wirkung unterstellt, die im Widerspruch zur kritischen Kernaussage des Artikels steht.[7] Sowohl die unter Generalverdacht

---

[5] Kyas, Stephan (2007): Wie Kinder Videospiele erleben. Zu den Wechselwirkungsbeziehungen von Bildschirmspielen sowie personalen und familiären Nutzerfaktoren. Frankfurt am Main: Internationaler Verlag der Wissenschaften, S. 141.
[6] Vgl. Decker: Jugendschutz und Neue Medien, S. 57.
[7] Vgl. ebd. S. 60f.

stehende Unterhaltungsindustrie als auch die misstrauisch beäugten Konsumenten gewalthaltiger Angebote weisen meist sofort empört jede Schuld von sich. Der öffentliche Diskurs wird so zur Spielbühne für Lobbyisten und Wahlkämpfer – und zwar auf beiden Seiten.[8]

Aus wissenschaftlicher Perspektive sind mediale Gewalt und ihre Wirkung nicht minder umstritten. Allerdings hat eine Abkehr von klassischen einseitigen Wirkungsmodellen wie dem inzwischen als widerlegt geltenden Stimulus-Response-Modell stattgefunden, denn „[d]er Schluss vom Inhalt auf die Wirkung [...] ignoriert den Rezipienten als aktiven, auswählenden Konsumenten, der bestimmte Inhalte zu bestimmten Zwecken konsumiert".[9] Aufgrund der Tatsache, dass „die neuere Wirkungsforschung aus gutem Grund keine einfachen Antworten auf komplexe Fragen geben kann, sind ihre Erkenntnisse in der breiten Öffentlichkeit noch nicht vollständig akzeptiert".[10] Die wissenschaftlichen Theorien, die sich mit medialer Gewalt befassen, sind vielfältig und stehen nicht selten in einem konträren Verhältnis zueinander.[11] Im Folgenden soll ein kurzer Gesamtüberblick sowohl über aktuell diskutierte als auch inzwischen als überholt geltende Wirkungsthesen gegeben werden.

4. Wirkungsthesen medialer Gewalt

Suggestionsthese

Grundannahme: Die Darstellungen von Gewaltakten führen aufgrund hoher suggestiver Wirkungskraft zu anschließenden Nachahmungstaten.

Vorhersage: Gewaltdarstellungen in den Medien führen bei den Rezipienten zu erhöhtem Gewaltpotential und lösen entsprechende Nachahmungstaten aus.

Katharsisthese

Grundannahme: Die Ausführung oder Rezeption eines aggressiven Akts bewirkt, dass der Anreiz zur Ausführung weiterer aggressiver Akte vermindert wird.

Vorhersage: Gewaltdarstellungen in den Medien führen zu geringerer Aggressionsbereitschaft des Rezipienten in der Realität.

---

[8] Vgl. ebd. S. 59.
[9] Kyas: Wie Kinder Videospiele erleben, S. 140.
[10] Decker: Jugendschutz und Neue Medien, S. 58.
[11] Geyer, Sabine (2006): Computerspiele, Gewalt und Terror Management. Grundlagen, Theorie, Praxis. Saarbrücken: VDM Verlag Dr. Müller, S. 13ff.

5

Inhibitionsthese

Grundannahme: Durch die Rezeption realistischer Gewaltdarstellungen, bei denen auch die Folgen deutlich aufgezeigt werden, werden Ängste geschürt und das Aggressionspotential vermindert.

Vorhersage: Die Darstellung realer Gewalt in den Medien hebt Hemmschwellen an und senkt somit die Aggressionsbereitschaft der Rezipienten in der Realität.

Stimulationsthese

Grundannahme: Im Gegensatz zur Katharsis- und Inhibitionsthese wird davon ausgegangen, dass das Ansehen von Gewaltdarstellungen unter bestimmten Umständen (wie z.B. vorausgegangenen Frustrationen) aggressives Verhalten stimuliert.

Vorhersage: Gewaltdarstellungen in den Medien führen zu erhöhter Aggressionsbereitschaft des Rezipienten in der Realität.

Imitationsthese

Grundannahme: Die Ausführung eines gelernten Verhaltens erfolgt dann, wenn Belohnungen erwartet werden.

Vorhersage: Wird in den Medien Gewalt als Problemlösung propagiert, führt dies zu einer erhöhten Akzeptanz realer Gewalt zur Erreichung spezifischer Ziele.

Habitualisierungsthese

Grundannahme: Eine Gewöhnung an die mediale Darstellung fiktiver Gewaltakte ist ein Indikator für ein Abstumpfen gegenüber realer Gewalt.

Vorhersage: Gewaltdarstellungen in den Medien führen langfristig dazu, dass Gewalt als normales Alltagsverhalten angesehen wird.

Wirkungslosigkeitsthese

Grundannahme: Die Wirkung von Gewaltdarstellungen ist abhängig von der Prädisposition bzw. dem sozialen Umfeld des Rezipienten sowie Gruppennormen und der Rezeptionssituation.

Vorhersage: Massenmedial verbreitete Gewalt hat auf das Alltagsverhalten der Rezipienten keine Auswirkungen, die explizit und ausschließlich auf die Gewaltrezeption zurückgeführt werden könnten.

Die Suggestions- und die Katharsisthese gelten aufgrund ihrer Simplizität inzwischen als widerlegt. Kritiker bemängeln auch bei den anderen Modellen nicht selten die Unmöglichkeit, „Laborbefunde, die bisweilen direkte Kausalzusammenhänge nahe legen, [...] auf die ‚natürliche' Realität" zu übertragen und somit vielschichtige Wirkungszusammenhänge abbilden zu können.[12]

5. Nutzungsmotivationen Jugendlicher

Der Zugang zu einer reflektierten wissenschaftlichen Auseinandersetzung mit den Wirkungen medialer Gewalt wird heute vermehrt über Untersuchungen der Nutzungsmotivation der betroffenen Rezipienten hergestellt. Im Jahr 2008 wurde im Rahmen des Gemeinschaftsprojektes „Mediennutzung und Medienkompetenz im Jugendalter" der Universitäten Bielefeld, Rostock und Halle-Wittenberg eine Studie durchgeführt, mit der ein möglicher Zusammenhang zwischen dem Konsum gewalthaltiger Medieninhalte und dem Ausmaß aggressiven Verhaltens Jugendlicher untersucht werden sollte.[13] Interessant ist diese Untersuchung vor allem aufgrund ihrer Aktualität, so dass sich auch Aussagen über die Nutzung von Internet und PC-Spielen treffen lassen. Die Kernfragen, denen nachgegangen wurde, lauteten: In welchem Ausmaß nutzen Jugendliche gewalthaltige Medienangebote? Welche Gratifikationen erhalten sie dadurch? Wie nehmen sie ihr Medienhandeln selbst wahr? Lässt sich dieses Medienhandeln auf ihre Einbindung in spezifische Lebenswelten zurückführen? Auf die Methodik soll hier aufgrund des eng bemessenen Rahmens dieser Arbeit nur kurz eingegangen werden, der Fokus liegt vielmehr auf den Ergebnissen.

Zunächst wurde eine quantitative Befragung durchgeführt, um die jugendlichen Probanden in Clustergruppen kategorisieren zu können. Aus den entstandenen sieben Clustertypen[14] wurden anschließend jeweils drei bis sechs prototypische Jugendliche für die qualitative Untersuchung ausgewählt. Das Ziel war, die Probanden in leitfadengestützten Interviews und Gruppendiskussionen selbst zu Wort kommen zu

---

[12] Burkart, Roland (2002): Kommunikationswissenschaft. Grundlagen und Problemfelder (4. Auflage). Wien/Köln/Weimar: Böhlau Verlag, S. 337ff.
[13] Meister, Dorothee M. u.a. (2008): Mediale Gewalt. Ihre Rezeption, Wahrnehmung und Bewertung durch Jugendliche.
[14] Clustertypen: Allrounder, Bildungsorientierte, Konsumorientierte, Kommunikationsorientierte, Deprivierte, Mediengestalter, Positionslose. Vgl. Meister: Mediale Gewalt, S. 17.

lassen und so eine interpretative Rekonstruktion ihrer Rezeption gewalthaltiger Inhalte zu ermöglichen. Hier wird der stark subjekttheoretische Bezug der Studie deutlich; es lässt sich eine klare Abkehr von monokausalen Wirkungsvorstellungen erkennen. Die Ergebnisse der Untersuchung lassen sich wie folgt zusammenfassen:

1.   Die Probanden weisen medialer Gewalt in ihrem Alltag einen hohen Stellenwert zu. Dies beschränkt sich nicht auf Einzelmedien, sondern „betrifft [...] sowohl Neue als auch alte Medien. [...] Mediale Gewalt gehört zum selbstverständlichen und damit alltäglichen Repertoire ihres Medienkonsums".[15] Die Probanden „heben dabei den Erlebniswert gewaltbezogener Inhalte [...] hervor [...] und finden so eine Möglichkeit, sich schlicht zu entspannen".[16]

2.   Die durch die Rezeption gewalthaltiger Inhalte im Sinne des mood-management- bzw. Uses-and-Gratifications-Ansatzes erlangten Gratifikationen resultieren aus der Realitätsferne der Darstellungen sowie „aus dem Wissen um Fiktion und Inszenierung".[17] Zu betonen ist hier, dass mit „Realitätsferne" ausdrücklich nicht die mentale Realitätsferne der Rezipienten im Sinne einer Entfremdung von der Realität, sondern vielmehr die Ferne des dargebotenen Inhalts zum eigenen Alltag gemeint ist. Die befragten Jugendlichen erhalten Befriedigung aus dem „realitätsfernen Moment [...] und verweisen dabei gar auf eine katharische Wirkung".[18]

3.   Die „Nutzung medialer Gewalt ist sozial eingebunden".[19] So haben das gemeinsame Betrachten von Filmen oder das gemeinsame Spielen von PC-Spielen mit gewalthaltigem Hintergrund einen hohen sozialen Stellenwert, ebenso wie der anschließende Austausch über das Erlebte. Die gemeinsame Einordnung, Reflexion und Verarbeitung der konsumierten Inhalte wird durchaus positiv bewertet.

Die Nutzung erfolgt demnach „zumeist oberflächlich, unterhaltungsorientiert und stimmungsbezogen. Mediale Gewalt dient den Jugendlichen oftmals zum mood-management und [...] ist zudem häufig auch ein Gruppenerlebnis. [...] Dieses kollektive Erlebnis, dem offenbar die meisten Jugendlichen folgen, führt letztlich dazu, dass mediale Gewalt eine so hohe Akzeptanz erfährt." Es lässt sich folglich konstatieren, dass Jugendliche gewalthaltige Medienprodukte in der Regel nicht um der

---

[15] Vgl. Meister: Mediale Gewalt, S. 209f.
[16] Ebd. S. 210.
[17] Ebd. S. 210.
[18] Ebd. S. 210.
[19] Ebd. S. 211.

Gewalt selbst willen konsumieren. Bei der Nutzung von Computerspielen beispielsweise steht für die Probanden vielmehr „das Gemeinschaftsgefühl mit den anderen Mitspielern und die für alle zu erledigende Aufgabe" im Vordergrund, während gewalthaltige Filme und Videos primär zum „ablachen und entspannen" genutzt werden.[20] Besonders bei „ältere[n] männliche[n] Jugendliche[n] mit formal niedrigem Bildungsniveau sowie einer psychosozial deprivierten Lebenslage" konnte allerdings eine generell erhöhte, emotionsunabhängige Gewaltorientierung festgestellt werden, was klar auf die Abhängigkeit des Medienkonsumverhaltens vom sozialen Hintergrund bzw. dem Nutzungsverhalten der jeweiligen Peer-Group hindeutet. Diese Erkenntnis widerlegt monokausal-einseitige Wirkungstheorien, welche endgültig als überholt gelten können. Sie wirft aber auch die Frage auf, wie dieser Problematik im Hinblick auf Jugendschutzpolitik und medienpädagogische Empfehlungen begegnet werden muss.

6. Jugendschutz und Prävention

Weder in der öffentlich geführten Diskussion noch im wissenschaftlichen Diskurs wird ernsthaft angezweifelt, dass Kinder und Jugendliche vor allzu drastischen Gewaltdarstellungen geschützt werden müssen. Dies auch in den Neuen Medien umzusetzen, ist eine kaum zu bewältigende Herausforderung. Zur Verwirklichung eines wirksamen Jugendschutzes lassen sich zwei grundsätzlich differente Wege einschlagen: „abschirmend-bewahrende Ansätze" auf der einen Seite und „Ansätze, die auf den Aufbau von Medienkompetenz bei den Kindern und Jugendlichen zielen" auf der anderen Seite.[21]

Mit dem neuen Jugendschutzgesetz des Bundes vom 01.04.2003 sind zwar die rechtlichen Rahmenbedingungen für Verbreitungsverbote und Zugangsbeschränkungen geschaffen worden, die Umsetzung gestaltet sich jedoch in der Praxis als schwierig. Das Internet ist aufgrund seiner auf permanente Veränderung ausgelegten Struktur weder gezielt zu überwachen noch zu zensieren (vgl. Kapitel 2), Gewalt verherrlichende Angebote sind schwerlich zu unterbinden. Dies scheitert nicht daran, dass es keine adäquate Gesetzesgrundlage gäbe; das deutsche Jugendschutzgesetz gilt als eines der

---

[20] Meister: Mediale Gewalt, S. 215
[21] Decker: Jugendschutz und Neue Medien, S. 93.

härtesten weltweit.[22] Rechtsverstöße können im Internet jedoch oftmals - wenn überhaupt - erst nachträglich verfolgt werden. Außerdem gelingt „[d]er Zugriff auf Content-Anbieter [...] nur dort, wo diese auch als natürliche oder juristische Person innerhalb Deutschlands greifbar sind".[23]

Für Kinder und Jugendliche ist es in der Regel trotz aller Verbote ein Leichtes, sich über Videoplattformen, Tauschbörsen oder das soziale Umfeld Zugang zu so genannten „Gewaltvideos" und jugendgefährdenden Bildschirmspielen zu verschaffen. Es erscheint daher sinnvoll, zur Prävention vor allem weitreichende medienpädagogische Ansätze zu verfolgen. Auch in wissenschaftlichen Studien wird vermehrt die gezielte Stärkung der Medienkompetenz sowohl der jugendlichen Rezipienten als auch der Erziehungsberechtigten gefordert.[24] Aufgrund der immer wichtiger werdenden Rolle der Medien bei der Sozialisation Jugendlicher „greifen rein abschirmende Maßnahmen zu kurz".[25]

7.   Der „Amoklauf von Erfurt": Berichterstattung und Reaktionen

Am 26.04.2002 betrat der von der Schule verwiesene Gymnasiast Robert Steinhäuser sein altes Schulgebäude in Erfurt und tötete gezielt insgesamt 16 Menschen, bevor er sich selbst richtete. Diese Tat löste in Deutschland Trauer, Entsetzen und Wut aus und fand ein enormes Medienecho. Im Zuge der öffentlichen und politischen Diskussion „wurde ein ausführlicher Klärungsbedarf hinsichtlich der Motivation für den Amoklauf postuliert".[26] Der Verlauf dieser Diskussion kann hinsichtlich der vermuteten Wirkungen medialer Gewalt und der politischen Reaktion als typisch angesehen werden (vgl. Kapitel 3).

Interessant ist, welche Rolle den (Neuen) Medien im Vergleich zu anderen, medienunabhängigen Faktoren als Ursache dieser monströsen Gewalttat zugewiesen wurde: „Die Fokussierung der Debatte auf fiktionale Einflüsse – wie z.B. mediale Gewaltdarstellungen – [lieferte] die Basis" für die Diskussion darüber, welche Lehren und Konsequenzen aus dem Amoklauf zu ziehen seien. So wurden in der

---

[22] Vgl. Decker: Jugendschutz und Neue Medien, S. 73ff.
[23] Volpers: Funktionsweise des Internets und sein Gefährdungspotential für Kinder und Jugendliche, S. 59.
[24] Meister: Mediale Gewalt, S. 213ff.
[25] Decker: Jugendschutz und Neue Medien, S. 101.
[26] Beyer, Christof (2004): Der Erfurter Amoklauf in der Presse. Unerklärlichkeit und die Macht der Erklärung: Eine Diskursanalyse anhand zweier ausgewählter Beispiele. Hamburg: Verlag Dr. Kovac, S. 2.

Berichterstattung gewalthaltige Bildschirmspiele „durchgängig als Vorübung für die Tat gehandelt, wohingegen das reale Training an der Waffe [im Schützenverein] [...] in diesem Kontext kaum auftaucht".[27] Besonders der Ego-Shooter Counter-Strike stand schnell im Fokus der Debatten und „wurde [...] in der Folgezeit ein Synonym für gewaltverherrlichende [sic!] Computerspiele".[28] Übereinstimmenden Medienberichten zufolge habe der Amokschütze Steinhäuser dieses Spiel exzessiv genutzt und damit „das Töten trainiert".[29] Wie später bekannt wurde, handelte es sich allerdings um eine Falschmeldung – laut offiziellem Polizeibericht hatte Robert Steinhäuser Counter-Strike weder besessen noch gespielt.[30] Die Politik reagierte trotzdem prompt mit Schuldzuweisungen an die Unterhaltungsindustrie und der Forderung nach weitreichenden Verboten. Nach einer erneuten Prüfung durch die Bundesprüfstelle für jugendgefährdende Medien wurde Counter-Strike jedoch nicht indiziert, vielmehr wurde die ursprüngliche Altersfreigabe ab 16 Jahren bestätigt. Bundeskanzler Gerhard Schröder zeigte sich daraufhin enttäuscht und sprach von einem „absolut verkehrten Signal".[31] Hier wird das vorrangige Interesse der Politik an plakativen, symbolischen Schritten deutlich. Langfristige medienpädagogische und -institutionelle Reformen erscheinen aus wahlstrategischer Sicht unattraktiv und werden trotz der aktuellen Befunde der Wirkungsforschung selten umgesetzt.

8. Fazit

Es steht außer Frage, dass der Umgang mit den Neuen Medien eine Herausforderung darstellt – für die oft sehr jungen Rezipienten und ihre Erziehungsberechtigten, aber auch für Pädagogen und den Gesetzgeber. Polemisch geführte Diskussionen und hastig verabschiedete Verbote als rein populistisch motivierte Reaktion auf Gewalttaten können jedoch sicherlich keine adäquate Antwort auf diese Herausforderung sein. Die neuesten Erkenntnisse der Wirkungsforschung deuten schließlich recht eindeutig darauf hin, dass keine direkten monokausalen Zusammenhänge zwischen dem Konsum gewalthaltiger Medienangebote und der realen Gewaltbereitschaft der Rezipienten existieren. Vielmehr spielen die Bildung, das soziale bzw. familiäre Umfeld und die

---

[27] Ebd. S. 70.
[28] Decker: Jugendschutz und Neue Medien, S. 60.
[29] Decker: Jugendschutz und Neue Medien, S. 60.
[30] Vgl. Ebd. S. 60.
[31] Ebd. S. 60.

psychologische Prädisposition eine nicht zu unterschätzende Rolle. Jugendschutz und Gewaltprävention muss hier ansetzen: Bei der Stärkung der Medienkompetenz aller Beteiligten.

Leider war es im Rahmen dieser Arbeit unmöglich, einzelne Teilaspekte so zu vertiefen, wie sie es aufgrund ihrer aktuellen Relevanz verdient hätten. Eine weiterführende sachliche und ideologiefreie Auseinandersetzung mit diesem spannenden Themenfeld wäre wünschenswert.

9. Literaturverzeichnis

Beyer, Christof (2004): Der Erfurter Amoklauf in der Presse. Unerklärlichkeit und die Macht der Erklärung: Eine Diskursanalyse anhand zweier ausgewählter Beispiele. Hamburg: Verlag Dr. Kovac.

Brosius, Hans-Bernd (2003): Medienwirkung. In: Bentele, Günter; Brosius, Hans-Bernd; Jarren, Otfried (Hrsg.): Öffentliche Kommunikation: Handbuch Kommunikations- und Medienwissenschaft. Wiesbaden: Westdeutscher Verlag.

Burkart, Roland (2002): Kommunikationswissenschaft. Grundlagen und Problemfelder (4. Auflage). Wien/Köln/Weimar: Böhlau Verlag.

Decker, Markus (2005): Jugendschutz und Neue Medien. Grundfragen des Jugendmedienschutzes in den Bereichen Bildschirmspiele und Internet. Münster: Waxmann Verlag.

Geyer, Sabine (2006): Computerspiele, Gewalt und Terror Management. Grundlagen, Theorie, Praxis. Saarbrücken: VDM Verlag Dr. Müller.

Kyas, Stephan (2007): Wie Kinder Videospiele erleben. Zu den Wechselwirkungsbeziehungen von Bildschirmspielen sowie personalen und familiären Nutzerfaktoren. Frankfurt am Main: Internationaler Verlag der Wissenschaften.

Meister, Dorothee (2008): Mediale Gewalt. Ihre Rezeption, Wahrnehmung und Bewertung durch Jugendliche. Wiesbaden: VS Verlag für Sozialwissenschaften.

Merten, Klaus (1999): Gewalt durch Gewalt im Fernsehen? Wiesbaden: Westdeutscher Verlag.

Volpers, Helmut (Hrsg.) (2004): Funktionsweise des Internets und sein Gefährdungspotential für Kinder und Jugendliche. Ein Handbuch zur Medienkompetenzvermittlung. Berlin: Vistas Verlag.